Angelika Kipp

Winterliche Galerie

Einteilige Motive aus Tonkarton

Reinzeichnungen: Berthold

Fotos: frechverlag GmbH, 70499 Stuttgart;
Fotostudio Ullrich & Co., Renningen

Dieses Buch enthält:
4 Vorlagenbogen

Auflage: 5. 4. 3. 2. | Letzte Zahlen
Jahr: 2006 2005 2004 2003 2002 | maßgebend

frechverlag GmbH, 70499 Stuttgart
ISBN 3-7724-3033-3 · Best.-Nr. 3033
Druck: frechdruck GmbH, 70499 Stuttgart

Wenn die Straßenlaternen schon früh am Abend den Menschen den Weg nach Hause leuchten, dann beginnt die Winter- und Weihnachtszeit. Nichts ist jetzt schöner, als ein gemütlich dekoriertes Zuhause. Ist die Türschwelle schon eingeschneit, entstehen im warmen Zimmer in netter, geselliger Bastelrunde wunderschöne Dekorationen.
Die schönsten riesengroßen Winter- und Weihnachtsfensterbilder habe ich für Sie zusammengestellt. Einzelne Szenen, die natürlich auch separat geschnitten werden können, sind dabei zu einem großen gerahmten Bild vereint. Schneemänner genießen die eiskalten Temperaturen. Beim Rodeln, Skifahren oder bei langen Spaziergängen durch den verschneiten Winterwald haben die kühlen Gesellen ganz viel Spaß. Eine kleine Maus fühlt sich im Lebkuchenland richtig wohl. Eine Schokobrezel hat sie schon angeknabbert! Festlich am Weihnachtsabend stimmt die Krippenszene mit Hirten und den Heiligen Drei Königen.
Bei der Vielzahl der Motive ist für jeden das passende dabei.

Ich wünsche Ihnen schöne Bastelabende!

Ihre Angelika Kipp

Material und Hilfsmittel

- Tonkarton in A2 und A3 in Weiß, Gelb und Rot
- Transparentpapier in A2 und A3
- Kleine, spitze Schere
- Schneidemesser (Cutter) mit geeigneter Schneideunterlage
- Filzstift in Schwarz
- Weicher Bleistift (HB)
- Harter Bleistift (2H)
- Weicher Radiergummi
- Lineal
- Lochzange
- Klebeband zum Aufhängen

Die genauen Materialangaben finden Sie bei den einzelnen Objekten. Die Hilfsmittel werden dort nicht noch einmal erwähnt.

Ausschneiden eines Motivs

Zum Ausschneiden eines filigranen Motivs verwenden Sie am besten ein Schneidemesser (Cutter) mit der entsprechenden Unterlage. Damit können enge Schnittstellen im Inneren des Motivs mühelos ausgeschnitten werden.

Aufhängen des Motivs

Befestigen Sie das Motiv mit kleinen Klebestreifen an Ihrem Fenster.

Motivhöhe

Damit Sie sich die Größe der Fensterbilder vorstellen können, ist bei jedem Motiv dessen Höhe angegeben .

Schritt für Schritt erklärt

1. Haben Sie sich für Ihr Lieblingsmotiv entschieden? Um die Vorlage auf den Tonkarton übertragen zu können, pausen Sie sie zuerst auf Transparentpapier ab. Legen Sie dieses auf die Vorlage. Am besten fixieren Sie es mit Klebestreifen, damit es nicht verrutscht. Zeichnen Sie nun alle Linien des Motivs mit einem weichen, aber spitzen Bleistift auf dem Transparentpapier nach.

2. Anschließend wird das Transparentpapier vom Vorlagenbogen genommen, gewendet und auf den ausgewählten Tonkarton gelegt. Zeichnen Sie mit einem harten, spitzen Bleistift die Linien nochmals kräftig nach. Bei diesem Arbeitsgang wird der zuerst gezeichnete Bleistiftstrich von der Rückseite des Transparentpapiers auf den Tonkarton übertragen.

3. Nun können Sie das Motiv mit einem Schneidemesser ausschneiden; eventuell vorhandene Bleistiftstriche entfernen Sie mit einem weichen Radiergummi. Wenn Sie das hier seitenverkehrt gezeigte Motiv wenden, entspricht es der Abbildung im Buch. Grundsätzlich können Sie jedes Tonkartonmotiv beidseitig verwenden.

Nikolaustag

Am Nikolaustag hat der alte Herr wirklich viel zu tun. Erst nach dem Verteilen der Geschenke kann er sich so richtig ausruhen.

Motivhöhe

ca. 36 cm

Material

Tonkarton in A2
in Weiß

Vorlagenbogen 1A

Juhu, es schneit!

Hat es geschneit, sieht man überall weiße Gesellen, die sich mit Schal, Mütze oder Hut vor der Kälte schützen.

Motivhöhe
ca. 38 cm

Material
Tonkarton in A2 in Weiß

Vorlagenbogen 1B

Motivhöhe

ca. 34 cm

Material

Tonkarton in A2
in Gelb

**Vorlagen-
bogen 2A**

Sterntaler

In einer klaren Nacht funkeln die Sterne wunderschön hell.

Überraschung!

(Abbildung Seite 12/13)

Hin und wieder kommt es vor, dass ein Mäuschen heimlich am Weihnachtsgebäck knabbert.

Motivhöhe

ca. 26,5 cm

Material

Tonkarton in A3 in Rot

Vorlagenbogen 2A

Überraschung! (Anleitung Seite 11)

Glocken-klang

Zart klingende Glocken künden die Heilige Nacht an.

Motivhöhe
ca. 29,5 cm

Material
Tonkarton in A2 in Gelb

Vorlagenbogen 1A

Fröhliche Weihnacht!

(Anleitung Seite 18)

Fröhliche Weihnacht!

(Abbildung Seite 16/17)

Schauen Sie einmal, ob zwischen Kerzen und Tannenzweigen ein Weihnachtsmann oder ein Engel hervorschaut!

Motivhöhe
ca. 31 cm

Material
Tonkarton in A2 in Weiß

Vorlagenbogen 2B

Es hat geschneit!

Ob im Wald oder auf der Skipiste – wenn die Schneeflocken vom Himmel fallen, dann sieht die Landschaft wunderschön aus.

Motivhöhe
ca. 39 cm

Material
Tonkarton in A2 in Weiß

Vorlagenbogen 2B

Ein weihnachtliches Ambiente

(Anleitung Seite 22)

Ein weihnachtliches Ambiente

(Abbildung Seite 20/21)

Bei Weihnachtsmusik und Kerzenschein können in gemeinsamer Runde Nüsse geknackt werden.

Motivhöhe
ca. 28 cm

Material
Tonkarton in A2 in Gelb

Vorlagenbogen 3A

Winter-freuden

Ist die Landschaft weiß gefärbt, werden Schlitten und Schlittschuhe aus dem Haus geholt und der Spaß kann beginnen.

Motivhöhe

ca. 47 cm

Material

Tonkarton in A2 in Weiß

Vorlagenbogen 3A

Treue Kameraden

Wenn der Weihnachtsmann überlastet ist, erledigen seine treuen Tiere die Arbeit für ihn.

Motivhöhe
ca. 21,5 cm

Material
Tonkarton in A2 in Weiß

Vorlagenbogen 1B

Auf zu den Menschenkindern!

(Abbildung Seite 26/27)

Vom Himmel hoch da kommt der Nikolaus her. Alle Kinder warten schon gespannt auf ihn und haben die blank geputzten Stiefel aufgestellt.

Motivhöhe
ca. 32 cm

Material
Tonkarton in A2 in Rot

Vorlagenbogen 3B

Auf zu den Menschenkindern!

(Anleitung Seite 25)

Hier fühlen wir uns wohl!

Im ewigen Eis fühlen sich diese Gesellen bei andauernder Kälte so richtig wohl.

Motivhöhe
ca. 31 cm

Material
Tonkarton in A2 in Weiß

Vorlagenbogen 3B

Die Heilige Nacht

In der Heiligen Nacht leuchtet der Stern von Bethlehem hell. Die Hirten und die Heiligen Drei Könige folgen ihm zum Jesuskind.

Motivhöhe
ca. 36,5 cm

Material
Tonkarton in A2 in Weiß

Vorlagenbogen 4A

Es weihnachtet sehr! (Abbildung Seite 32)

Bei diesem Motiv wird einem ganz warm und festlich ums Herz.

Motivhöhe
ca. 49,5 cm

Material
Tonkarton in A2 in Gelb

Vorlagenbogen 4A

Es weihnachtet sehr! (Anleitung Seite 31)